AF248457

AUTOUR

DU

SAINT-SUAIRE DE LIREY

DOCUMENTS INÉDITS, REMARQUES JURIDIQUES
ET ESQUISSE GÉNÉALOGIQUE

PAR

Le baron Joseph DU TEIL

SECONDE ÉDITION, AVEC PIÈCES JUSTIFICATIVES

PARIS

ALPHONSE PICARD ET FILS, LIBRAIRES

82, RUE BONAPARTE

1902

AUTOUR

DU

SAINT-SUAIRE DE LIREY

DOCUMENTS INÉDITS, REMARQUES JURIDIQUES

ET ESQUISSE GÉNÉALOGIQUE

Justification du tirage :

50 exemplaires sur hollande, 1 à 50.
100 exemplaires sur vélin, 51 à 150.

N° ___________

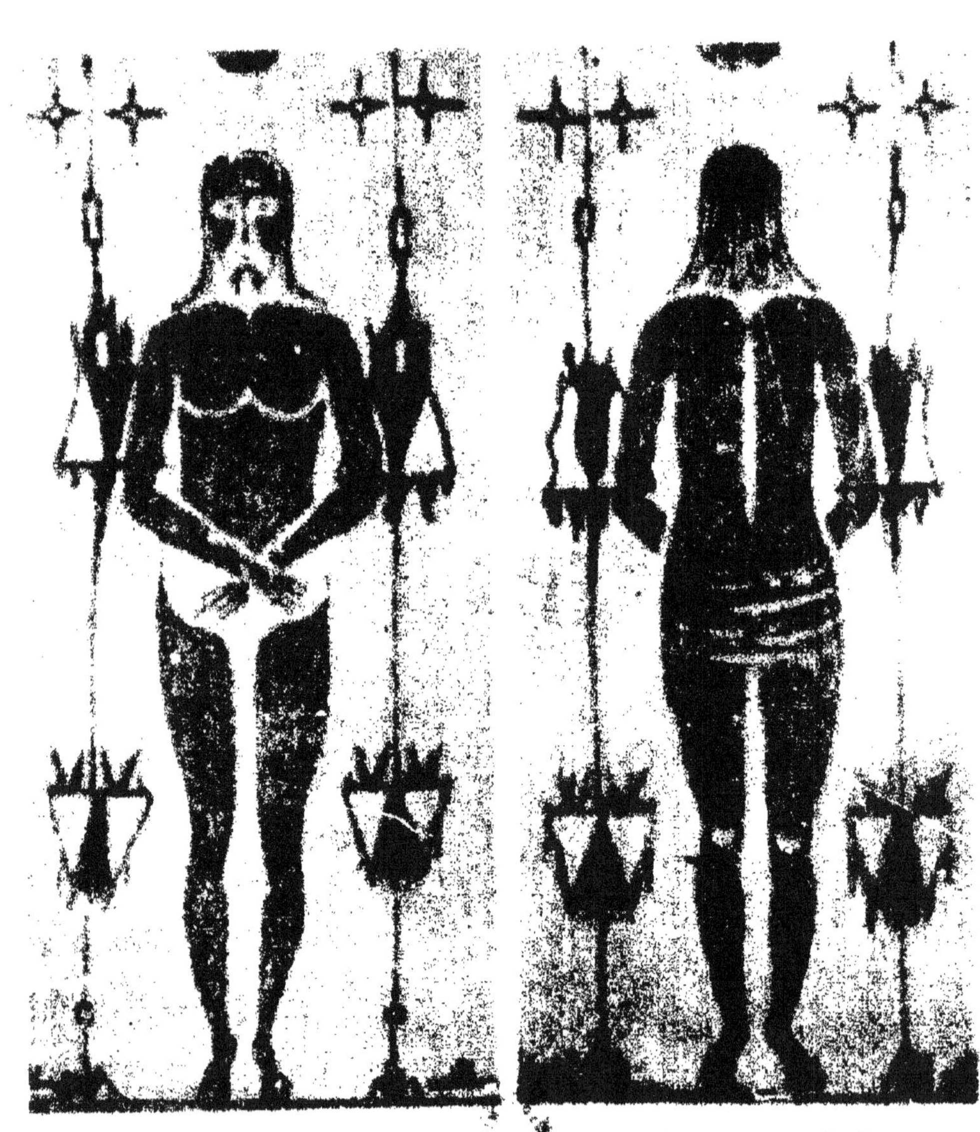

AUTOUR

DU

SAINT-SUAIRE DE LIREY

DOCUMENTS INÉDITS, REMARQUES JURIDIQUES ET ESQUISSE GÉNÉALOGIQUE

PAR

LE BARON JOSEPH DU TEIL

SECONDE ÉDITION, AVEC PIÈCES JUSTIFICATIVES

PARIS

ALPHONSE PICARD ET FILS, LIBRAIRES
82, RUE BONAPARTE
1902

A MONSIEUR LE DUC DE BAUFFREMONT

PRINCE DU SAINT-EMPIRE

DUC D'ATRISCO, GRAND D'ESPAGNE DE PREMIÈRE CLASSE

RECONNAISSANT HOMMAGE

AUTOUR

DU

SAINT-SUAIRE DE LIREY

DOCUMENTS INÉDITS, REMARQUES JURIDIQUES ET ESQUISSE GÉNÉALOGIQUE.

I.

Le dépouillement du fonds entier de Lirey, qui est conservé aux archives départementales de l'Aube et dont le dossier du Saint-Suaire ne forme qu'une partie, permet d'assigner à la fondation religieuse que Geoffroy de Charny a établie en ce lieu une date plus ancienne de dix ans; l'on y trouve, en effet, un acte de juin 1343[1] dans lequel

---

[1]. Archives de l'Aube, 9, G. 1. — Il est curieux de constater que cette date nouvelle, 1343, peut confirmer la tradition rapportant la première idée de la fondation de Lirey à un vœu fait par Geoffroy de Charny, prisonnier des Anglais :

ce seigneur annonce l'intention de créer une chapellenie : les donations faites dans ce but pieux
furent même approuvées, le 3 janvier 1349, par
Henri de Joinville, comte de Vaudemont, sénéchal de Champagne[1]. Ce n'est pas là une décou-

ce capitaine eut à subir deux captivités, et la première
remonte à 1342, époque où il accompagna en Bretagne le
comte Louis de Blois; dans le combat de Morlaix, que Froissart n'a pas mentionné, « Geoffroi de Charni, qui comman-
doit le premier corps (d'armée), fut défait par les Anglois,
qui l'attaquèrent pour attirer les autres dans le piège...
Charni fut pris, il y eut cinquante chevaliers de marque
tuez, outre un nombre considérable d'autres soldats qui y
perdirent aussi la vie... » (Dom Lobineau, *Histoire de Bretagne*; Paris, 1707, 2 vol. in-fol., t. I, p. 326, § xxxv; voir
aussi Dom Morice, *Histoire ecclésiastique et civile de Bretagne*;
Paris, 1750, 5 vol. in-fol., t. I, p. 260, avec ces sources : *Le
Baud, chr. manus. ecc. namnet.*, p. 284; *Actes de Bretagne*,
t. II, col. 311). Tant que l'on n'a connu que la date de la fondation du chapitre (1353), on devait nécessairement rattacher le vœu à la seconde captivité de Geoffroy, datant du
31 décembre 1349; aussi l'on s'expliquait mal comment le
roi Jean avait pu verser douze mille écus d'or pour parfaire
la rançon d'un prisonnier qui passait pour avoir été délivré
d'une manière providentielle. Mais, en 1342-1343, on ne
relève pas une semblable contradiction.

L'acte de 1343, connu cependant du Père Anselme (t. VIII,
p. 202, D), est une charte signée par Philippe VI à Château-
neuf-sur-Loire et accordant à Geoffroy l'amortissement d'une
rente de 140 livres. (Pièces justificatives, A.)

1. Il mourut en 1374, laissant pour héritière Marguerite
de Joinville, décédée en 1416, après avoir épousé : 1° Pierre,
comte de Genève, frère aîné de Clément VII; 2° Ferri de
Lorraine, tige des ducs de Lorraine. Henri de Joinville, cousin germain de Geoffroy de Charny, qui avait pour mère
Marguerite de Joinville, s'intéressa personnellement à la
fondation de Lirey en abandonnant éventuellement au cha-

verte, car M. l'abbé Prévost[1], membre associé
de la Société académique de l'Aube, avait signalé,
dès 1900, dans la Revue de Champagne et de
Brie, ces documents qui avaient échappé à M. le
chanoine Chevalier[2] et qui peuvent, dans une certaine mesure, expliquer le silence observé à l'endroit du Suaire dans les divers actes constitutifs de
Lirey : il est possible que Geoffroy de Charny
soit devenu propriétaire de la relique entre l'établissement de la chapellenie et son érection en
collégiale.

Il convient encore de faire remarquer à ce propos que la maison de Charny ne semble pas, d'ailleurs, s'être dessaisie du linceul du Christ au profit du chapitre de Lirey ; aucun acte contemporain
ne relate cette prétendue donation ; l'on dit, au
contraire, que Geoffroy 1er avait respectueuse-
ment placé le Suaire dans l'église de ce lieu,
« venerabiliter *collocari* fecerat », et que, plus
tard, son fils, Geoffroy II, avait désiré l'y re-

pître sa part dans l'héritage de leur tante commune, Alix de
Joinville, remariée à Henry d'Angleterre, comte de Lan-
castre, seigneur de Beaufort. Les liens existant entre le
comte de Vaudemont et le seigneur de Lirey furent encore
resserrés par le mariage de Jean de Vergy, beau-frère de
Geoffroy, avec Isabeau de Joinville, sœur de Henri.

1. *L'ancienne collégiale de Lirey*, par l'abbé Prévost, curé
de Rouilly-Sacey; Arcis-sur-Aube, Frémont, 1900, 1 vol.
in-8° de 102 p.

2. *Étude critique sur l'origine du Saint-Suaire de Lirey-
Chambéry-Turin*, par le chanoine Ulysse Chevalier; Paris,
Picard, 1900, 1 vol. in-8° de 59-LX p.; p. 58.

mettre : « Ut procuraret dictum pannum in ecclesia predicta *reponi*[1] »; dans ces termes, rien n'implique un transfert : il semble, au contraire, qu'il s'agisse d'un simple prêt, d'un dépôt; dès lors, le linceul ne devait pas être mentionné à l'occasion de la fondation de Lirey.

Une autre objection contre le linceul du Christ a été tirée de l'absence de bulles relatives à la vénération de cette relique et contemporaines de son apparition en France. Cette critique est absolument dénuée de fondement; en effet, il existe, dans les archives de l'Aube, un « tableau[2] des

1. Chevalier, p. xix. — C'était aussi l'opinion de l'évêché de Troyes : « Pictura Sudarii Domini nostri in ecclesia dicti loci de Lireyo *reposita* » (Archives de l'Aube, G. 15, fol. 8 r°). La propriété du Suaire semble avoir été, pour la première fois, reconnue au chapitre de Lirey par Humbert de La Roche, mari de Marguerite de Charny, lorsqu'il prit en garde, à Montfort, les reliques de cette église, le 6 juillet 1418 : c'est en vain que, devenue veuve, Marguerite chercha à établir, comme on le voit par un accord du 8 mai 1443, que la lettre de son époux ne lui était « en rien préjudiciable, du moins au regard dud. sainct Suaire, lequel pieça fut conquis par feu messire Geoffroy de Charny » (Chevalier, p. xxiii). Il y a lieu d'observer, en effet, qu'en 1418, Humbert ne pouvait être le *petit-fils* de Geoffroy Ier que depuis un an environ, le premier mari de Marguerite, Jean de Bauffremont, étant mort le 25 octobre 1415, et que, par suite, les traditions des Charny ne devaient pas encore lui être familières. C'est d'après les propres termes des bulles à lui remises également, car Marguerite en était nantie, en 1443, qu'il désigna le linceul : « ung drap ou quel est la figure ou Représentation du Suaire », *figuram sive representationem*.

2. Dossier : 9, G. 4. (Pièces justificatives, B.)

indulgences baillées et octroyées par les Saints
Pères de Rome et par plusieurs cardinaux, arche-
vêques et évêques » aux pèlerins de Lirey, tableau
dressé, le 21 février 1518, par Jacques Raguier,
évêque de Troyes, « aprez qu'il luy est deument
apparu des Bulles et lettres »; or, la seconde
pièce énumérée est un acte du pape Clément VII[1],
accordant un an et quarante jours de vrai pardon
« tant pour l'honneur et révérence du S.-Suaire
de notre Sauveur Jésus-Christ ou représentation
d'yceluy, qui étoit pour lors en ladite église, que
autrement ». Bien que Jacques Raguier[2] se soit
fait présenter cette bulle, il n'y a pas là un *vidi-
mus*; aussi, s'il était possible d'en découvrir la
minute dans les archives du Vatican, il y aurait
lieu, sans doute, de vérifier le mot à mot de cette
traduction, qui pourrait n'être qu'une interpréta-
tion large des termes employés ailleurs, par ce
même pontife, pour désigner le Suaire de Lirey :
« Quamdam figuram sive representationem[3] ». Quoi

1. Robert de Genève, fils du comte Amé III et de Mahaut
d'Auvergne, évêque de Thérouanne, 1365, de Cambrai, 1368,
cardinal, 1371, élu contre Urbain VI le 20 septembre 1378,
mort le 16 septembre 1394. L'on a vu que son frère Pierre
était, par Marguerite de Joinville, sa femme, cousin issu de
germain de Geoffroy II de Charny. Ajoutons que Jeanne de
Vergy, veuve de Geoffroy Ier, se serait remariée à Aymon
de Genève, oncle à la mode de Bretagne de Robert et de
Pierre. Ci-dessus, p. 2, note 1.

2. Élu le 3 novembre 1484; mort le 14 novembre 1518.

3. Il semble qu'à l'évêché de Troyes l'on n'ait pas trouvé
ces termes suffisamment explicites pour la condamnation du

qu'il en soit, l'on ne saurait soutenir que les papes du XIV⁰ siècle soient restés muets à l'égard du Suaire dans leurs bulles d'indulgences[1].

L'on savait qu'après la cession du linceul, consentie par Marguerite de Charny, petite-fille du fondateur de Lirey, en faveur du duc Louis I⁰⁰ de Savoie et de sa femme, Anne de Chypre, le long procès pendant entre la collégiale et la cessionnaire fut poursuivi contre les détenteurs de la relique; le dernier document, cité par M. le chanoine Chevalier[2] dans sa savante étude critique, est une procuration passée, le 14 mai 1473, en faveur de Marc de Vaudrey et Hugues Mergey, chargés d'aller porter les doléances du chapitre à la duchesse Yolande, veuve d'Amédée IX et belle-fille de Louis I⁰⁰, alors régente au nom de son fils, Philibert le Chasseur. Il existe cependant aux

linceul, car, dans le résumé de la pièce, l'on a soigneusement substitué *et* à *sire*, pour détruire toute alternative; Chevalier, p. xviii, pièce M.

1. A ce propos, faisons remarquer que M. de Mély (dans *le Suaire de Turin est-il authentique?* Paris, Poussielgue, 1902, 1 vol. in-8⁰, 96 p., p. 11) cite une charte de 1357, signée de douze évêques, où sont énumérées toutes les reliques de la collégiale, à l'exception du Suaire : c'est, sans doute, la charte du 5 juin 1357 (archives de l'Aube, 9, G. 1); or, on n'y parle que des « reliquias ibi existentes »; M. de Mély a dû prendre la liste des fêtes auxquelles des indulgences étaient accordées pour une énumération des reliques. Voir la traduction de cette charte dans Prévost, p. 20-22.

2. *Étude critique,* p. xliii.

archives de l'Aube une pièce[1], encore inédite et très vraisemblablement postérieure, qui nous révèle une phase nouvelle de la dispute du Saint-Suaire; découragés par le résultat négatif de leurs démarches à Chambéry, si tant est qu'ils les aient accomplies, les « povres et tres humbles chapelains et orateurs en Dieu les doyen et chapitre de l'eglise collegial Nostre Dame de Lirey » eurent recours à Louis XI pour le supplier de leur donner « la revenue de la terre dudict Lirey... et autres revenues... assises en son comté de Champaigne, qui jadis furent et appartindrent à ladicte feue Madame Marguerite de Charny,... lesquelles on peut estimer par an XXX livres tournois au plus », le tout en compensation de la perte du « précieux et Saint Suaire de Nostre Seigneur Jhésu-Christ ou représentation d'icellui .. » Le roi de France leur répondit en des lettres adressées aux bailliz de Sens, Troyes, Chaulmont », dont la copie, malheureusement incomplète, ne permet pas le connaitre la décision souveraine. On sait que Louis XI avait épousé, en mars 1451, Charlotte de Savoie, propre fille de Louis Iᵉʳ, ce que les chanoines de Lirey ne manquèrent pas, d'ailleurs, de lui faire remarquer.

Il importe encore de signaler l'existence, aux Archives nationales[2], de la dernière page du ma-

1. 9, G. 1; copie du temps. (Pièces justificatives, C et D.)
2. Carton L. 746.

nuscrit original d'une ancienne chronique de la collégiale de Lirey, dont deux copies sont conservées à la Bibliothèque nationale, l'une dans la collection de Champagne, l'autre dans la collection Decamps, toutes deux mentionnées par le chanoine Chevalier : cette page porte la signature du prévôt Liron et d'un Benoist, nom patronymique qui revient souvent dans la notice de M. l'abbé Prévost ; celle-ci nous permet de dater approximativement la chronique en question : elle est antérieure à la mort du doyen Jean Huyart, décédé le 14 juin 1540[1], qui reconstruisit l'église de Lirey, primitivement « édifiée bien petistement et légerement de boys, en attendant meilleure fortune du temps ». Les membres du chapitre assurent, dans cette pièce, que Geoffroy de Charny, après sa délivrance des mains des Anglais, aurait reçu le Suaire à Amiens de Philippe de Valois ; cette version est séduisante au premier abord, d'autant plus qu'un annotateur ancien a écrit, en marge de la copie de la collection Decamps[2], ces mots significatifs : « Philippe de Valois avoit le S.-Suaire » ; elle ne doit pas être admise néanmoins, car, si Baudoin II fit abandon à saint Louis en 1247 d'un fragment de linceul, si Durand de

1. Prévost, p. 52.
2. Fol. 128, vol. 124. — Bien entendu, il est question là de la seconde captivité de Geoffroy ; nous avons, croyons-nous, découvert la concordance existant entre sa première captivité et l'établissement de la chapellenie.

Mende y fait allusion à propos des reliques de la
Sainte-Chapelle, Antoine Astesan l'énumère encore
dans un inventaire en vers de 1451[1]. Les chanoines de Lirey ont vraisemblablement pris la
partie pour le tout, en assimilant la provenance
du Suaire à celle d'une portion de la vraie croix,
par exemple, dont ils étaient également détenteurs[2].

II.

Mais il est une pièce qui s'est dérobée jusqu'ici
aux recherches les plus actives faites à Paris,
comme à Troyes, à Besançon et même dans une
riche collection particulière dont il a été fort souvent question à propos du linceul de Lirey : c'est
la confession écrite du peintre qui, prétend-on, aurait déclaré que le Suaire était son ouvrage[3]. Or,
l'examen juridique du mémoire rédigé pour l'anti-
pape Clément VII par Pierre d'Arcis, troisième
successeur de Henri de Poitiers sur le siège épis-

1. Chevalier, p. 12.

2. Avant d'en finir avec les Archives nationales, signa-
lons la cote de la minute de la commission au bailli de
Troyes du 4 août 1389, conservée dans le registre X¹ᵃ 37,
f. 63; communication de M. Le Grand.

3. M. de Mély a avancé sans preuves, dans le *Gaulois
illustré* des 29-30 mars 1902, que cet aveu existait à la
Bibliothèque nationale, avec les autres pièces de l'enquête
faite par Henri de Poitiers : or, il ne reste aucune trace de
cette procédure, en dehors du mémoire de l'évêque Pierre
d'Arcis, rédigé plus de trente ans après.

copal de Troyes, peut fournir la raison de l'inuti-
lité de ces investigations, car il donne à penser,
d'après le texte même du document accusateur,
que ce soi-disant procès-verbal n'a jamais été
dressé.

Il est dit, en effet, que, lors de l'apparition du
Suaire à Lirey et des ostensions dont il fut l'objet,
Henri de Poitiers[1] s'émut et songea à instruire
cette affaire, sur l'opinion émise par certains
théologiens que la relique ne pouvait être authentique, précisément parce qu'elle portait l'image
du Sauveur, en raison du silence des évangiles
sur ce fait, *demeuré inconnu jusque-là*[2]; les con-
seils de l'évêque commettaient une erreur sur ce
dernier point, puisque Robert de Clary avait mentionné en 1203, dans son « Estoires de chiaus
qui conquisent Constantinoble », un Suaire, conservé à Sainte-Marie de Blachernes, où l'on
« poioit bien veïr la figure Notre Seigneur[3]... »

1. Peut-être faut-il voir, dans les poursuites exercées par
cet évêque, un réveil du grand différend qui avait divisé
Henri de Joinville, sénéchal de Champagne, et Jean de
Vergy, sénéchal de Bourgogne, en 1351; l'on a vu les liens
qui unissaient les Joinville aux Charny; or, Marguerite de
Vergy, sœur de Jean, était femme de Louis de Poitiers,
comte de Valentinois, frère de Henri; Jeanne de Vergy,
dame de Charny, qui avait dû embrasser la même cause
que son mari, n'était que leur cousine germaine.

2. *Étude critique*, p. viii.

3. Chevalier, *Étude critique*, p. 12. — Si l'on rapproche le
mot *figure* du terme *quamdam figuram* employé par Clément VII, on trouve peut-être l'explication du soin pris à

Après une information purement verbale, ainsi qu'on s'en rendra compte, Henri de Poitiers découvrit, dit-on, la fraude et comment le tissu avait été peint artificiellement : « Et probatum fuit eciam, per artificem qui illum depinxerat, ipsum humano ope factum, non miraculose confectum vel concessum[1]... » L'on ne saurait voir, dans cette phrase, la confession du peintre présumé coupable du faux; on l'a interrogé, il est vrai, mais on a dû lui demander, non s'il était l'auteur de l'image, mais ce qu'il en pensait, et il a répondu qu'il y reconnaissait, non pas son propre ouvrage, mais simplement la main de l'homme; ce n'est

l'évêché de Troyes de remplacer *sire* par *et*; ci-dessus, note 3, p. 5.

1. *Étude critique*, p. VIII. — La phrase entière du mémoire est ainsi conçue : Henri de Poitiers « finaliter reperit fraudem et quomodo pannus ille artificialiter depictus fuerat, et probatum fuit eciam, per artificem qui illum depinxerat, *ipsum humano ope factum, non miraculose confectum vel concessum* ». — Un ancien auteur anonyme, dans une analyse du mémoire en question, a fait cette citation en supprimant les mots ci-dessus écrits en italiques de manière à modifier totalement le sens de la phrase, le *probatum fuit* se trouvant ainsi régir les mots qui le précèdent, *fraudem* et *artificialiter depictus*, au lieu de s'appliquer à ceux qui suivent : *humano ope factum*, etc. (Chevalier, p. VIII, XIII, et 23, note 4). Cette amputation a permis à M. de Mély, dans *le Suaire est-il authentique ?* p. 12, de traduire librement : l'évêque *avait découvert la fraude, comment le Suaire avait été peint, et l'artisan qui l'avait fait s'en était confessé à lui*. En tout cas, il est impossible de voir dans cette phrase, même tronquée, la reproduction du passage du procès fait par Henri de Poitiers. (Pièces justificatives, E.)

donc pas un aveu arraché à un complice, comme
on l'a avancé, mais un avis demandé à un
artiste. L'on n'attacha, du reste, à cette consultation qu'une importance très relative, puisque
l'on n'en prit pas acte; en effet, s'il en eût été
autrement, le procès-verbal eût été conservé dans
les archives de l'évêché, et Pierre d'Arcis l'eût
annexé à sa requête ou tout au moins cité, comme
la bulle du pape à Geoffroy II de Charny, dont
il dit : « Quia ipsarum licterarum *copiam* habere
nequivi[1] »; enfin, cette pièce eût fait connaître le
nom de ce remarquable artiste, encore représenté
dans la région au moins par ses œuvres, si peu
de temps après l'époque où il florissait. D'ailleurs,
suivant Pierre d'Arcis lui-même, la procédure
régulière n'était pas encore ouverte; ne dit-il pas
ensuite : « Proterea, habito cum multis prudentibus, tam theologis quam jurisperitis[2] consilio,
cepit ex officio procedere contra decanum predictum et suos complices[3] »?

1. *Étude critique*, p. xi.

2. C'est la première fois que l'on voit apparaître dans le
mémoire le mot de jurisconsulte. — Le souci de la vérité
nous fait un devoir d'ajouter, d'après les bulles de Clément VII, reproduisant sans doute le texte de l'appel inter-
jeté par le doyen en 1389, que Henri de Poitiers dut provisoirement interdire les ostensions, puisqu'il est dit que le
Suaire fut mis en sûreté : « *Ad mandatum ordinarii loci* et
ex aliis certis (ou ceteris) causis »... (Chevalier, p. xv et xx).

3. Veut-on une dernière preuve du fait que l'enquête de
Henri de Poitiers demeura entièrement verbale, on la trou-
vera dans cette remarque que Pierre d'Arcis n'en peut pré-

Mais cette instruction définitive ne fut jamais commencée, et ce n'est pas uniquement, comme le prétend Pierre d'Arcis, à cause de la précaution prise par les chanoines de faire disparaître la relique pour la soustraire aux investigations, car, malgré les supputations de cet évêque plaçant ces faits vers 1355, ils ne purent se produire, au plus tôt, qu'après le 28 mai 1356, date de la confirmation de la fondation de Lirey par Henri de Poitiers qui se fût bien gardé d'accorder la faveur de son approbation à un chapitre en lutte contre l'autorité épiscopale. Or, la perte de la bataille de Poitiers et la mort de Geoffroy Ier de Charny sont du 19 septembre 1356[1] : la France était menacée, la Champagne allait être envahie;

ciser l'époque : le Suaire demeura caché, dit-il, « per xxxiiii[es] annos *vel circa* »; s'il avait eu sous les yeux un dossier ou la moindre pièce datée, il n'aurait pas eu à rester ainsi dans le vague.

1. L'absence ou la mort de Geoffroy Ier peuvent, d'ailleurs, seules expliquer sa non-intervention dans l'action entamée contre le chapitre de Lirey : présent ou vivant, il eût pris fait et cause pour ses chanoines, comme plus tard son fils qui, malgré les prohibitions de Pierre d'Arcis, procéda à l'ostension du Suaire *propriis manibus* (Chevalier, p. ix). Geoffroy II était mineur lors du décès de son père, et, quant à Jeanne de Vergy, sa mère, elle était absorbée par la liquidation de la succession, ainsi que le prouve un acte du 21 novembre 1356 par lequel Charles, duc de Normandie, confirme en faveur de Geoffroy II une donation de deux maisons, sises à Paris et confisquées sur Joceran de Mâcon, faite par le roi Jean en juillet précédent au profit de Geoffroy Ier (Archives nationales, JJ. 81, n° 671).

son évêque fut même investi des pouvoirs les plus
étendus et, en qualité de gouverneur et bailli de
Troyes[1], il contribua au gain de la bataille de
Chaude-Fouace, près Nogent-sur-Seine, le 23 juin
1359, avec le comte de Vaudemont. Donc, après une
information préliminaire nécessairement courte[2]
et dénuée de tout caractère juridique, le procès
que Henri de Poitiers avait eu l'intention d'ou-
vrir officiellement ne put être entrepris, puisque
les événements les plus graves avaient détourné
l'attention de l'évêque et engagé les chanoines à
faire transporter ailleurs la relique litigieuse pour
la mettre à l'abri des ennemis[3].

1. « Nostre amé et feal conseillier l'evesque de Troies, capitaine de ladite ville de par monseigneur et nous » ; lettres
de rémission accordées en avril 1360 par Charles, régent,
pour l'assassinat commis en l'hôtel de Henri de Poitiers, le
4 avril, sur la personne de Jean de Ségur, capitaine de
Nogent-sur-Seine (Archives nationales, JJ. 90, n° 521). —
La situation de l'évêque de Troyes paraît s'être fort accrue
après le meurtre de Jean de Conflans, maréchal de Champagne, le 22 février 1358 ; dès le 8 juillet suivant, il est, avec
l'évêque de Paris, médiateur du traité conclu entre le duc de
Normandie et le roi de Navarre.

2. Cette rapidité résulte des faits qui encadrent l'enquête,
comme aussi du témoignage de Pierre d'Arcis disant qu'on
procéda avec un habile empressement, « solerti diligentia »
(*Étude critique*, p. VIII).

3. Il convient de faire remarquer que le traité de Brétigny,
qui pacifia la France, fut juré le 10 mai 1360, et que Henri
de Poitiers ne mourut que le 25 août 1370 : cet évêque eut
donc dix années de loisir pour reprendre l'instruction du
procès entamé contre l'église de Lirey ; le Suaire avait dis-
paru, il est vrai ; le premier doyen, Robert de Caillac, était

Toute l'argumentation de Pierre d'Arcis, comme de ceux qui soutiennent sa thèse, repose donc uniquement sur la tradition, non d'une confession faite par un faussaire connu, mais d'une consultation donnée par un expert anonyme, trente et quelques années auparavant. Cet évêque se rendait compte d'ailleurs de la faiblesse de ses moyens, puisqu'il croyait devoir se défendre d'avoir repris l'affaire « tum propter invidiam, tum propter *cupiditatem* et *avariciam* et ut ipsum pannum habeam[1] »; il ne considérait pas enfin son mémoire comme définitif et allait même jusqu'à se déclarer prêt à faire une information suffisante et certaine « ad excusacionem meam et exoneracionem consciencie[2] », ce qui semble impliquer qu'il n'était pas exempt de remords[3].

mort, puisqu'il avait été remplacé, en 1358, par Simon Fratris; mais ce dernier avait eu pour successeur, le 13 juillet 1360, Guillaume de Bragelongne qui, faisant partie du chapitre depuis sa fondation, aurait été, par suite, l'un des complices du faux; enfin, le peintre, son auteur présumé, devait vivre encore. Le silence observé sur l'affaire par Henri de Poitiers, pendant ce long espace de temps, prouve assez qu'il n'y avait attaché qu'une importance secondaire ou en avait perdu le souvenir, à quatre ans seulement de distance.

1. *Étude critique*, p. x. — Il faut avouer que cette accusation, accréditée contre l'évêque par les partisans du chapitre de Lirey, n'était pas dépourvue de vraisemblance, puisque les lettres royales, obtenues à l'instigation de Pierre d'Arcis, le 4 août 1389, prescrivaient de déposer provisoirement le Suaire : « In altera ecclesiarum *ville Trecensis* aut alibi in certo loco tuto et honesto » (Chevalier, p. ii).

2. *Ibid.*, p. xi.

3. Il n'y a pas que l'action intentée en 1356-1357 par

Plutôt que d'introduire une instance en authen-

Henri de Poitiers qui puisse prêter à discussion; la valeur
légale, — je ne dis pas l'authenticité, — du mémoire de
Pierre d'Arcis doit être aussi contestée : l'on ne saurait en
faire le pivot des démêlés de 1389-1390, car l'étude appro-
fondie des bulles de Clément VII le fait reléguer à un rang
certainement secondaire.

En premier lieu, il y a lieu d'établir que les quatre bulles
de Clément VII ont été jusqu'ici classées dans un ordre
illogique : incontestablement celle qui fut envoyée aux officiaux de Langres, Autun et Châlons-sur-Marne doit conser-
ver le dernier rang, mais celle qui fut adressée à Geoffroy II
de Charny doit prendre le premier; les dispositions de la
bulle à Pierre, évêque de Troyes, sont formelles à cet égard :
Nos ... indultum ... confirmaverimus, etc.; ... *subsequenter,
circa modum ostensionis, ... modos et formam statuendos
duximus; ... enfin espresse mandamus ... facias*, etc...
(Chevalier, p. xix). Donc ces documents furent rédigés dans
l'ordre suivant : 1° Bulle à Geoffroy (Chevalier, p. xix, O);
2° Bulle sur les cérémonies de l'ostension (p. xv, K);
3° Bulle à l'évêque de Troyes (p. xviii, N); 4° Bulle aux
officiaux (p. xxi, P).

En second lieu, en vertu de ce principe que la chancelle-
rie pontificale non seulement relate exactement, comme l'a
si bien fait entendre M. le chanoine Chevalier, tous les
dires des parties, mais *à fortiori* analyse consciencieusement
ses propres actes, il convient de remarquer, d'une part,
que le mémoire de d'Arcis cite une bulle de Clément VII
où, dit l'évêque, « dicto militi (Geoffroy II) conceditur quod...
liceat dict. pannum ostendi..., michi perpetuum silentium
imponendo »; d'autre part, que les quatre bulles ne font
allusion ni à une ou deux bulles antérieures, accordées à
Geoffroy sur le même objet, ni au mémoire de d'Arcis et
au fait capital allégué par lui, la fabrication frauduleuse du
Suaire à Lirey, au temps de Henri de Poitiers. Par suite,
le mémoire de Pierre d'Arcis est certainement postérieur à
la bulle n° 1, et les décisions de Clément VII semblent avoir
été prises en dehors des considérations présentées par
l'évêque dans un factum rédigé *ab irato*. Si la *rigueur de ce*

licité à l'encontre de l'évêque de Troyes, instance

document est *outrée*, au dire même de M. le chanoine Chevalier (*le Saint-Suaire de Lirey-Chambéry-Turin et les défen-
seurs de son authenticité.* Paris, Picard, 1902, 1 vol. in-8°,
de 41 p., p. 30), à l'endroit du *culte relatif* du linceul que le
pape autorisait, ne doit-on pas conclure que tout l'exposé
juridique du début est également exagéré?

Mais un fait qui peut-être n'a pas encore été suffisamment relevé vient compliquer les déductions à tirer de ces
prémisses : la bulle à Geoffroy II, connue seulement jusqu'ici
par la transcription que Zantfliet en a donnée dans sa chronique, n'est pas datée et, dans la bulle à l'évêque, se trouve
reliée aux autres par un terme vague, *subsequenter*, qui peut
aussi bien signifier sur-le-champ que peu après. Voici comment on peut supposer que les choses se sont passées. Tandis
que Pierre d'Arcis adressa au roi un recours qui eut pour con-
séquence la commission donnée par le Parlement de Paris
au bailli de Troyes, le 4 août 1389, et sa signification le 15,
Geoffroy II de Charny prit les devants à Avignon et y envoya
par exprès, à l'insu de l'évêque, une requête, à l'effet d'obtenir la confirmation de l'autorisation à lui accordée par le
cardinal de Thurey, pour l'ostension du Suaire; l'homme à
ses gages revint porteur de la première bulle dans laquelle
Clément VII lui donnait satisfaction, tandis que les trois
autres, soit parce qu'elles furent expédiées canoniquement,
soit parce que la première leur était antérieure de quelque
temps, subirent un retard pendant lequel Pierre d'Arcis, ne
connaissant que par oui-dire la décision pontificale, prépara
son trop fameux mémoire.

Qu'advint-il ensuite? il serait difficile de le dire avec cer-
titude, mais deux hypothèses seulement peuvent se présenter : ou Pierre d'Arcis condamna lui-même son factum à ne
pas voir le jour, soit parce que cette pièce ne reçut pas l'approbation de Guillaume Faulcon, son conseil, soit parce que
la bulle destinée à l'évêque de Troyes arriva sur ces entre-
faites; ou Clément VII, si le mémoire lui parvint, soit avant,
soit après le 6 janvier 1390, le considéra comme nul et non
avenu, car il maintint des décisions absolument contraires

à la fois longue, onéreuse et aléatoire[1], Geoffroy II de Charny qui, par suite de la mort prématurée de son père, pouvait ne pas connaître d'une manière suffisamment exacte la provenance du Suaire, préféra n'insister auprès du Saint-Siège que sur la question d'ostension et obtint gain de cause, malgré l'évêque auquel l'on imposa sur l'affaire « perpetuum silencium ». Mais, dans ces conditions, Clément VII devait prendre et prit, en effet, les précautions nécessaires pour que les pèlerins de Lirey ne fussent pas exposés au péril d'idolâtrie, au cas où la relique n'aurait pas été authentique; il n'en est pas moins vrai qu'il y a loin de cette solution à la suppression complète du linceul que réclamait Pierre d'Arcis. Cet examen prouve positivement qu'il n'y a pas eu chose jugée sur le fait de l'authenticité du Saint-Suaire de Lirey.

aux conclusions de d'Arcis, dans le premier cas, et ne les rapporta pas, dans le second. En tout état de cause, l'autorité de la pièce en question et, par suite, le bien fondé des faits qu'elle est seule à alléguer, comme la fabrication frauduleuse du Suaire à Lirey, sont également sujets à caution.

1. Grâce aux relations existant entre les Genève et les Charny, Geoffroy put sans doute tâter le terrain à Avignon et l'on dut lui faire observer là que, son principal désir étant de continuer les ostensions, il serait sûr de le voir se réaliser en sachant y borner son ambition, tandis que, s'il entamait un procès en authenticité, il courrait risque de tout perdre : néanmoins un mot de la bulle que le pape lui adressa, mais *in hac parte supplicationibus inclinati*, ne peut guère s'expliquer que par l'adjonction d'une demande en reconnaissance d'authenticité, mais subsidiaire et non introductive d'instance.

III.

M. le chanoine Chevalier avait consenti à révéler à ceux qui tiennent à ce que le Suaire ait été rapporté d'Orient que son premier possesseur[1], jusqu'ici connu, accompagna le dauphin Humbert II à la croisade de 1345[2]. Mais M. le duc

1. Tous les écrivains qui ont traité la question, à l'exception de M. de Mély, qui émet un doute, ont admis que Geoffroy I⁰ʳ de Charny a été propriétaire du Suaire, puis l'a donné (ou confié) au chapitre de Lirey; il semble que les partisans d'un faux commis en ce lieu devraient rejeter cette opinion, car on ne voit pas comment Geoffroy aurait pu recevoir en cadeau du doyen et de ses chanoines un drap qu'ils avaient fait peindre, pour le leur rendre incontinent. Ou le Suaire a été fabriqué de toutes pièces à Lirey, et Geoffroy ne l'a jamais eu en sa possession, ce qui est contraire à la tradition, comme au texte des bulles pontificales; ou Geoffroy l'a acquis, original ou copie, d'une manière quelconque, et l'a déposé ensuite dans son église collégiale, ce qui exclut toute idée de falsification perpétrée à Lirey, car personne n'a encore osé accuser un grand-officier de la couronne de France qui était en même temps un esprit éclairé et qui eut à Poitiers une mort glorieuse, d'avoir été l'auteur d'une indigne supercherie.

2. *Étude critique*, p. 32, note 1. — Geoffroy semble faire allusion à ce voyage dans ses œuvres :

« Ou veus aler?

« En Grenade, en oultre la mer

« Pour les ennemis Dieu grever?

« C'est bonne vie.

« En Prusce ou en Lombardie

« Ou au païs de *Rommenie?* »

(*Romania*, 1897, t. XXVI, p. 394 à 411.)

Il revint avant la fin de l'expédition de Humbert II, puisqu'il se trouvait au siège devant Aiguillon le 2 août 1346.

de Bauffremont, descendant des Charny, a fait une découverte autrement importante pour établir les relations suivies qui ont existé entre cette maison chevaleresque et le Levant ; il s'agit du nom et de l'identification de la femme de Dreux de Charny, frère aîné[1] de Geoffroy, dont on con-

[1]. Le fait que Dreux de Charny se maria en 1316, tandis que Geoffroy mourut en 1356, laissant un fils mineur, peut facilement s'expliquer. L'union de Geoffroy avec Jeanne de Vergy dut être assez tardive, car il était veuf en premières noces de Jeanne de Tocy, dame de Pierre-Pertuis, qu'il avait épousée avant 1336 (voir le Père Anselme, t. VII, p. 736, D, où Charny est nommé par erreur Chamay et dit seigneur de Chamény pour Savoisy).

La maison de Tocy, qui donna un amiral de France à la fin du XIIIe siècle, et à laquelle les Charny se sont alliés deux fois, puisque Pons de Mont-Saint-Jean, sire de Charny, bisaïeul de Geoffroy Ier, avait eu pour première femme, en 1201, Helvide [de Tocy], dame de Diges, mérite ici une mention spéciale en raison de la situation considérable de l'une de ses branches en Orient.

Narjaud de Tocy, sans doute frère d'Helvide, et, assurément, arrière-grand-oncle de Jeanne, passa à Constantinople, sous Pierre de Courtenay, en 1217, et y mourut en 1241, après avoir été régent de l'empire en 1238 ; de sa première femme, issue de Théodore Branas, seigneur d'Andrinople, marié, après 1204, à Agnès de France, veuve en premières noces de l'empereur Alexis II Comnène, et, en secondes noces, d'Andronic Ier, son successeur, il eut Philippe, qui suit.

Philippe de Tocy fut baile de l'empire en l'absence de Baudoin, en 1245, puis, après la perte de Constantinople, se retira en Sicile, où le roi Charles lui donna la charge héréditaire de grand amiral et la seigneurie de Terza.

Narjaud II, son fils, lui succéda et mourut en 1292, laissant de Lucie d'Antioche, comtesse de Tripoli, fille de Bohé-

naissait la postérité sans rien savoir sur son alliance.

Louis de Bourgogne, issu du duc Robert II et d'Agnès de France, fille de saint Louis, avait épousé, en 1313, Mahaut de Hainaut, fille de Florent d'Avesnes-Hainaut et d'Isabelle de Villehardouin, princesse de Morée. Sur la nouvelle du passage, dans cette région, de Ferrant de Majorque, Louis de Bourgogne entreprit une expédition à laquelle assista Dreux de Charny. « Et le prince Louis », dit un chroniqueur, « ayant recouvré la principauté, voulut récompenser ses serviteurs avec les terres qui étaient restées sans héritiers et avec celles de ceux qui l'avaient trahi, et il donna à messire Dreux de Charni, frère de messire Geoffroy de Charni, la fille du seigneur de la Vostitza à laquelle appartenait la seigneurie, et il lui donna la terre et baronnie de Ricolithi de Nivelet, qui avait été traître en compagnie de don Ferrant…, et messire Dreux de Charni, seigneur de la Vostitza, demeura sous la tutelle de

mond VI et de Sybille d'Arménie : Philippe II, qualifié prince d'Antioche, auquel le roi Charles II fit épouser, en 1299, Léonore de Sicile, sa fille; il mourut en minorité, et sa veuve se remaria à Frédéric III d'Aragon.

Enfin Agnès de Tocy, grand'tante de Jeanne, veuve de Guillaume de Culant, s'allia vers 1264 à Guillaume de Courtenay, seigneur de Champignelles, neveu de l'empereur Pierre et cousin germain de Robert et de Beaudoin, ses fils et successeurs.

sa belle-mère, madame Isabelle[1] ». Ce mariage est certainement antérieur au 12 août 1316, date de l'empoisonnement de Louis de Bourgogne.

Dreux de Charny mourut jeune, car les archives de l'Yonne (titres de la commanderie de Pontaubert)[2] nous représentent sa femme comme veuve dès 1325; mais les archives de Seine-et-Oise (fonds Charny)[3] nous montrent sa fille Guillemette mariée avant 1335 à Philippe de Jonvelle-sur-Saône, seigneur de Sexfontaine; baron de la Vostitza et de Nivelet par sa femme, il signa un acte au château de Roviata, en Morée, en octobre 1344, fut baile de la principauté en 1352, et vendit ses baronnies à Marie de Bourbon, en 1359[4]; on le trouve établi en France dès 1354; enfin, Agnès de Jonvelle, sa fille, épousa en premières noces Guillaume II de Vergy, mort en 1374, et en secondes noces, l'année suivante, Philibert, sire de Bauffremont.

Le nom des seigneurs de la Vostitza était Charpigny; par Hugues II, mort vers 1304, sans

1. *Chronique de Morée aux XIIIe et XIVe siècles*, publiée et traduite pour la première fois pour la Société de l'Orient latin par Alfred Morel-Fatio; Genève, Fick, 1885, 1 vol. in-8°, p. 137.

2. Série H., 2268. (Pièces justificatives, F.)

3. Acte passé le dimanche avant la Saint-Michel (Liasse 11, pièce CXI). (Pièces justificatives, G.)

4. *Chroniques gréco-romaines inédites et peu connues*, Charles Hoff; Berlin, Weidmann, 1873, 1 vol. in-8°, p. 472.

doute père de la femme de Dreux de Charny, l'on remonte à Guy II, qui fut baile de la principauté en 1289, maria sa fille à Jean de Tournay et mourut en 1295[1]; enfin, à Hugues Ier, compagnon de Guillaume de Champlitte, dit le Champenois, qui reçut la baronnie de la Vostitza après la conquête de la Morée, suivant Buchon[2], qui l'appelle, par erreur, Charbonnier, au lieu de Charpigny, et prétend qu'il était de la maison de Lille; la chronique de Morée éditée par M. Morel-Fatio[3] le nomme Cherpini et le dit fils d'un Guy qui aurait fait construire le château de Lello et serait mort peu après. Il est donc établi que les Charny s'étaient alliés, quarante ans avant l'apparition du Suaire en France, à l'une des plus grandes familles franco-grecques de la Morée, fixée dans la région depuis plus d'un siècle et dont les ascendants avaient peut-être assisté au sac de Constantinople où disparut le Suaire des Blachernes.

Il semble difficile d'identifier la maison de Lille (de Insulis), d'où sortaient les Charpigny[4], et l'on

1. *L'Achaïe féodale*, par la baronne de Guldencrone; Paris, Leroux, 1 vol. in-8°, p. 100.

2. *Collection des Chroniques nationales françaises*, t. IV, p. 140; Paris, Verdière, 1825, in-8°.

3. Page 29.

4. Il existe au Musée de Cluny (Paris), n° 421, une pierre tombale d'un Charpigny, trouvée à Larnaca, en 1852, par M. Ed. Delessert; elle porte l'inscription suivante : « Brocardus de Charpignie miltes... er Petri... Paphen. episcopi cujus anima requiescat in pace amen ». L'évêque de Paphos

pourrait hésiter entre les châtelains de Lille, en
Flandre, et les seigneurs de l'Isle-Adam, en Ile-
de-France. Deux de Lille ou de l'Isle prirent part
à la conquête de Constantinople : Manassès, sous le
comte Thibaut de Champagne, Orry, sous le comte
Louis de Blois. Bien que certains chroniqueurs
l'aient dit originaire de Lille en Flandre, Manassès
semble un cadet des l'Isle-Adam ; assurément, il
s'établit à Constantinople, où il fut grand officier
de la couronne impériale et laissa postérité d'An-
cilie de Milly, ou mieux de Mailly, sa femme.

Il convient d'ajouter, enfin, que la succession
des seigneurs de la Vostitza, après les Charpigny,
les Charny et les Jonvelle, nous met sur la trace
d'un autre Suaire. En effet, l'impératrice de Constantinople, après avoir laissé jouir de cette terre,
pendant quelques années, le fils de son premier
lit, Hugues de Chypre, prince de Galilée, la
revendit, en 1363[1], à Nicolo Acciajuoli, qui la
transmit en mourant, le 8 novembre 1365, à
Nerio, son fils adoptif et son cousin. Celui-ci,
devenu duc d'Athènes en 1394, eut, entre autres
enfants, une fille, Francesca Acciajuoli, qui ap-
porta en mariage, en 1388, la baronnie de la Vostitza à Charles Ier Tocco, comte palatin de Cépha-

ainsi désigné doit être Pierre, fils ou frère de Brochard,
vivant de 1269 à 1288. Le chevalier est représenté armé de
pied en cap ; ses mains jointes reposent sur un écu portant :
d'or (?), à trois fusées (ou losanges) accolées en fasce ; ce ne
sont pas les armes des de Lille, ni des l'Isle-Adam.

1. Hoff, p. 476.

Ionie et de Zante[1], où apparaît, suivant M. le chanoine Chevalier, un fragment de Suaire[2]. Il est possible qu'il n'y ait aucune filiation entre ce fragment et le linceul de Lirey, mais un semblable rapprochement, amené uniquement par des déductions historiques, n'en est pas moins extrêmement curieux.

Ce qui est plus singulier encore, c'est que la découverte généalogique de M. le duc de Bauffremont vient donner la plus grande vraisemblance à une légende que rapporte Pingon, le plus ancien auteur ayant écrit sur la question du Saint-Suaire, et qui avait paru si extraordinaire jusqu'ici que personne ne l'avait encore sérieusement examinée : « N'y ayant plus de seureté dans la Grèce, dans l'Asie, ny la Syrie, parce que les campagnes estoient couvertes d'escadrons de ces barbares qui trainoient partout un balay ardent après eux et exerçoient des cruautez inouïes sur les habitans de ces contrées, une grande dame appellée Mar-

1. Hoff, p. 530; Guldencrone, p. 335. — C'est à Céphalonie qu'eut lieu, en octobre 1343, la concentration des troupes de la croisade de Humbert II.

2. Zante est à vingt kilomètres ouest des côtes de Morée. E. von Dobschütz, *Christusbilder*, p. 226, note 3 : « Inter insulas Ionii maris Reipublicae Venetorum subiectas, visitur Zacynthus, cum urbe insulae cognomini in quâ B. Veronicam aliquod Christi sudarium incolis ad eiusdem fidem conversis donasse legimus in quodam calendario iconum Ms. a moderno auctore instar adversariorum congesto, nullo quod dolemus, auctore citato » (*Acta sanctorum Februarii*, I, 457, E).

guerite de Charny ayant serré son bagage, dans lequel estoit cette saincte relique, délibéra de sortir *de Grèce* et changer son climat en celuy de France[1]. Il est constant qu'elle estoit descendüe des rois de Hiérusalem, parce que l'histoire de Cypre fait mention d'une princesse de Hiérusalem mariée à Hector de Lusignan, fils de Philippe, à quoy se rapporte le tems de ces choses. Or, je pense qu'elle fut appellée Charny de Carina, ville d'Ionie, en l'Asie Mineure, qui estoit sous sa domination, ou de Carna, de l'Aolide, ou de Carna, ville de Phénicie, scize près le mont Liban. Les autres disent qu'elle estoit de Bourgongne pour ce qu'il y a en cette province une noble famille de ce nom, soit que de France elle ait passé en Asie ou d'Asie en France[2]... »

1. L'on a vu, d'après ses archives de l'Yonne, qu'Agnès de Charpigny, dame de Charny, est, en effet, venue en France (ci-dessus, note 2, p. 22). Or, *Dame Marguerite*, suivant le sieur Fournyer (*Histoire très remarquable du Saint-Suaire qui est à Turin*, traduite de l'italien; Paris, 1641, 1 vol. in-12, p. 15), est *appelée Anne par quelques auteurs*, et l'on sait que les prénoms d'Anne et d'Agnès, aujourd'hui distincts, s'employaient jadis indifféremment l'un pour l'autre. — Par une assez curieuse coïncidence, Aymon de Genève, seigneur d'Anthon, second mari de Jeanne de Vergy, inhumé aux Chartreux à Paris en 1369 (?), accompagna en Grèce le comte Verd (Amé VI de Savoie).

2. Philiberti Pingoni, *Sindon evangelica, etc.*; Turin, 1581, in-4°, p. 17; traduction de A. Duchesne dans : *Hierothonie de Jesus-Christ, ou discours des Saincts Suaires de Nostre Seigneur*, extrait et traduit du latin de Jean-Jacques Chifflet; Paris, 1631, in-8°, p. 84 et 85.

On sent là les efforts de l'auteur, qui ignorait l'alliance de Dreux de Charny avec Agnès de Charpigny, dame de la Vostitza, pour établir sur des bases sérieuses une tradition de famille qu'il ne parvint qu'à déconsidérer par la singulière hardiesse de ses conceptions, par la confusion faite entre Marguerite de Charny et sa grand'-tante par alliance, enfin par un désir maladroit de rattacher la propriétaire du Suaire aux maisons de Lusignan et de Chypre, afin de légitimer la prise de possession de la relique par la duchesse Anne, des rois de Jérusalem. Mais il doit y avoir du vrai dans la version[1] de Philibert Pingon, historiographe de Savoie, qui écrivait

1. Marguerite de Charny pouvait être mieux renseignée sur cette provenance du Suaire que Geoffroy II, son père; en effet, elle avait épousé en premières noces, vers 1400, Jean de Bauffremont, mort à Azincourt, dont la mère, Agnès de Jonvelle, était petite-fille d'Agnès de Charpigny, dame de la Vostitza. — L'on a mis jusqu'ici en opposition les versions d'origine, données, l'une par Geoffroy II, « figuram sibi (à Geoffroy Ier) liberaliter oblatam », et l'autre par Marguerite, « Suaire pieça conquis par mon grant père »; mais le verbe conquerre (ou conquérir) éveille aussi bien l'idée de simple possession que celle de butin; le premier sens que lui donne La Curne de Sainte-Palaye, est acquérir, gagner, obtenir; Larousse lui reconnait la signification de : se procurer la possession de, d'après « conquirere » qu'il traduit rassembler; enfin, Littré fournit, dans cette acception, des citations tirées du Rommant de la Rose (xiiie siècle) et de Froissart (xive). Dans ces conditions, aucune contradiction ne subsiste et les termes, employés à environ cinquante années de distance, n'impliquent pas de différence appréciable entre les deux versions.

souvent d'après les mémoires de Pierre, son bisaïeul, et dont le fils Louis était devenu l'allié de la maison ducale par son mariage avec Melchionne de Luyrieux ; cette part de vérité, la généalogie inédite des Charny la délimite, sans l'établir encore d'une manière positive, et, dès maintenant, il ne serait peut-être pas téméraire d'indiquer une nouvelle étape dans les pérégrinations du Suaire, en la faisant provisoirement suivre, il est vrai, d'un point d'interrogation : Vostitza ?-Lirey-Chambéry-Turin [1].

Lu à la Société des Antiquaires de France, séance du 28 mai 1902, et extrait du tome LII de ses Mémoires, pages 191 à 218.

[1]. A la suite de cette communication, M. du Teil a présenté à la Société un Suaire provenant des fouilles d'Antinoë et rapporté l'année précédente par M. Gayet : ce linceul est exactement de la largeur de la relique de Turin et d'une longueur plus considérable. (Extrait du *Bulletin de la Société nationale des Antiquaires de France,* 28 mai.)

PIÈCES JUSTIFICATIVES

A.

Lettres d'amortissement de Philippe de Valois
et de Jean le B.n.

(Juin 1343-septembre 1351.)

Johannes Dei gracia Francorum rex. Notum facimus universis presentibus et futuris nos inclite recordacionis carissimi domini et genitoris nostri litteras cera viridi cum filo cerico sigillatas vidisse formam que sequitur continentes : Philippe, par la grâce de Dieu roys de France. Savoir faisons à touz presens et avenir que, ouye la supplicacion de nostre amé et feal Gieffroy de Charny, chevalier, contenant que, comme il ait fondée ou ordené à fonder pour le salut des ames de lui, de sa femme et de leurs predecesseurs, une chappellenie à Liré vers Troies où il aura cinq chapellains perpétuez illec chantans messes et Dieu servans, Nous, pour la dotacion et le vivre d'iceulx cinq chapellains, li vousissiens amortir sept vins livrées de terre ou de rente annuelle, sus laquelle supplicacion, considerant et approuvant son bon propos, et pour ce que Nous et les nostres soions participans ès messes, oroisons et bienfaiz faiz en ladicte chapelle, avons ostroyé et ostroyons audit chevalier, de certaine science et grâce especial, que de la terre ou rente qu'il a ou pourra avoir par juste titre, il puist donner et transporter par titre de don et d'aumosne sept vins livres de rente a tousjours annuelle et perpetuelle senz seignorie à la chapelle et chapellains dessus diz et pour la causse dessus dicte pour eulx et

leurs successeurs senz ce que yceulx chapellains ne leurs
successeurs soient ou puissent estre contraint à les vendre
ne mettre hors de leurs mains et senz en paier pour ce
finance ores ne ou temps avenir à nous ne à nos successeurs, laquelle nous remettons et quittons audit chevalier
de nostre dicte grâce. Et que ce soit ferme et estable chose à
touz jours, nous avons fait mettre nostre seel à ces lettres,
sauf nostre droit en autres choses et l'autruy en toutes. Ce
fu fait à Chasteau Neuf sur Loire, l'an de grâce mil trois
cenz quarante trois ou mois de juin. — Nos autem admor-
tizacionem remissionemque financie et alia omnia et singula
per dictum dominum nostrum, dum viveret, dilecto et fideli
milite et consiliario nostro Gaufrido de Charniaco vel ad ejus
supplicacionem concessa, prout in dictis litteris continetur,
rata et grata habentes, ipsi volumus, laudamus, rattificamus,
approbamus, et tenore presentium, auctoritate regia, de speciali gratia confirmamus; et ex habundanti sibi de uberiori
et ampliori gratia ad ipsius supplicacionem ob divini cultus
augmentum et, ut bonorum, que in dicta capella per ipsum
fundata vel fundanda fient, in perpetuum participes existamus,
auctoritate regia et ex certa sciencia concessimus ac tenore
presentium concedimus quod, ultra dictas sepcies viginti
libras annui et perpetui redditus de quibus dotare potest
perpetuo prefatam capellam et capellanos ejusdem juxta dic-
tarum seriem litterarum, ipse eam et eos eciam dotare et
ditare valeat de sexaginta libris seu libratis turonensium
annui et perpetui redditus per eum justo titulo, sine tamen
feodo et justicia ubilibet acquisitis aut eciam acquirendis,
ipsasque sexaginta libras seu libratas una cum dictis sepcies
viginti libris seu libratis annui et perpetui redditus in
capellam et capellanos eosdem transferre et eas ipsis donare
in perpetuum valeat quodque ipsi eas tenere et possidere
possint in perpetuo, absque eo quod ipsi capellani aut suc-
cessores sui possint vel debeant aliqualiter compelli ad ipsas
vendendas seu alio quomodolibet ponendas extra manum
suam, et absque eo quod ob hoc financiam aliquam nobis
aut successoribus nostris solvere teneantur. Quam financiam
eisdem remisimus atque quittavimus, quittamus et remitti-

nus perpetuo de speciali gracia per presentes quibus ut stabilia premissa permaneant in futurum nostrum fecimus apponi sigillum, salvo in aliis jure nostro et in omnibus quolibet alieno. Datum Parisiis anno Domini millesimo trecentesimo quinquagesimo primo, mense septembris.

Per Regem :

P. BLANCHET[1].

B.

Tableau des Indulgences de l'église de Lirey.

(21 février 1518.)

Ce sont les pardons et indulgences baillées et octroyées par les saincts pères de Rome et par plusieurs cardinaux, archevesques et évesques à tous ceux et celles qui dévotement visitent ou visiteront l'église de Céans.

Premièrement, pape Innocent 6 a donné et octroyé un an et quarante jours de vray pardon à tous ceux et celles qui dévotement visiteront ladicte église ou y donneront de leurs biens aux festes de la Nativité, Résurrection, Ascension de Notre Seigneur et Pentecoste, et pareillement à tous ceux qui visiteront dévotement ladicte église aux quatres principales festes de Nostre Dame; c'est à sçavoir : de la Nativité,

---

1. Archives de l'Aube, fonds de Lirey, 9, G. 1. — L'original des lettres de juin 1343 n'existant pas à Troyes, nous avons reproduit celles de septembre 1351, au cours desquelles les premières sont vidimées. — Cette pièce de 1343 établit qu'il y avait un fond de vérité dans la légende rapportée par les chanoines de Lirey et suivant laquelle Philippe de Valois, « en loüant beaucoup et approuvant la grand dévotion et bon voulloir » de Geoffroy, « pour estre participant ès prières et oraisons d'icelle église, luy donna congié et permission de donner à ladicte église pour dotation jusques à la somme de deux cens soixante livres tournois... » Ceci prouve qu'en somme les traditions relatives à la fondation n'étaient pas complètement erronées au xvi⁰ siècle; ci-dessus, p. 8.

de l'Annonciation, la Purification et Assomption d'ycelle
glorieuse dame mère de Dieu sainte Marie. C'est à sçavoir
par chacun jour desdites festes un an et quarante jours de
vray pardon.

Item, pape Clément septième, *tant pour l'honneur et réré-
rence du S. Suaire de Notre Saureur Jésus Christ ou représentation d'yceluy qui éloit pour lors en ladite église*[1], que
autrement a pareillement donné et octroyé un an et quarante jours de vray pardon à tous ceux et celles qui visite-
rons ladite église en y faisent leurs aumônes pour chacun
jour tant dessudites comme à celles qui s'ensuivent; c'est
à sçavoir : la Feste Dieu, la Nativité S. Jean Baptiste, aux
festes de S. Pierre et S. Paul, de Toussaints, de la Circon-
cision et Apparition, Résurrection et Ascension de Notre
Seigneur et aussy à la dédicace d'ycelle église et par chacun
des iours des octaves desdites festes et solemnités ayant
octave cinquante iours en deffendant expressément, sous
peine d'excommuniment et de dannation éternelle, à tous
gens de quelque état, dignité ou condition que ce soit, de
n'en prendre ou distraire en autres usages que de ladite
église, ce qui y est ou sera donné par oblation ou autrement, en réservant l'absolution au Saint Siège de Rome...

Item, très Révérend Père en Dieu Monseigneur Pierre,
cardinal de Sainte Suzanne, légat en France, a baillé et
octroyé un an de vray pardon à tous ceux et celles qui font
bien ou feront à ladite église en la visitant pour chacun
des jours, festes et solennités et aussi pour chacun jours
de leurs octaves[2]...

Item, à tous lesquels pardons donnés et octroyés comme

---

1. On m'a reproché de m'appuyer sur ces expressions pour établir l'authenticité de la relique, en alléguant qu'elles prouvaient
son caractère apocryphe; mon avis est qu'elles expriment simplement le doute, sans rien affirmer dans un sens comme dans
l'autre.

2. J'ai cru devoir ajouter cette mention relative à des indulgences
octroyées par le cardinal de Thurey à cause du rôle qu'il a joué
dans l'affaire du Saint-Suaire.

dessus est dit ont été approuvés par Révérend Père en
Dieu monsieur Jacques, à prezent évesque de Troyes, aprest
qu'il luy est deument apparu des *bulles* et lettres desdits
saincts pères, légats, cardinaux, archevesques et évesques,
et si a permis yceux pardons être publiés en son diocèse. —
Comme il appert par ses lettres, qui sont en cette église
dattées du xxie jour de febvrier, l'an mil [cinq cens dix] et
huit.

Au revers : Extrait du contenant du tableau des Indulgences[1].

C.

Supplique du chapitre de Lirey à Louis XI.

(14 mai 1473–30 août 1483.)

Au Roy nostre souverain seigneur.

Supplient très humblement voz povres et très humbles
chapelains et orateurs en Dieu les doyen et chapitre de
l'église collégial Nostre Dame de Lirey, fondée en l'onneur
et révérence de l'Annonciation d'icelle, en la paroisse Saint
Jehan de Bonneval ou diocèse de Troyes, comme il soit
ainsi que de grant ancienneté icelle église a esté fondée et
dotée de plusieurs beaulx, droiz, rentes et revenus et aornée
de plusieurs beaulx précieux sanctuaires et joyaulx, par feu
de bonne mémoire messire Jeuffroy de Charny, chevalier,
en son vivant seigneur de Savoisy et dudict Lirey, entre
lesquelz aornemens, sanctuaires et joyaulx estoit le précieux
et Saint Suaire de Nostre Seigneur Jhésu Crist ou représen-
tacion d'icellui[2], dont ladicte église estoit moult décorée et
valoit plus à icelle église les offrandes, aulmosnes et oblacions des affluans illec par dévocion et révérence dudict

____

1. Archives de l'Aube, fonds de Lirey, dossier du Saint-Suaire,
9, G. 4.

2. Même remarque que ci-dessus, p. 32, note 1.

Saint Suaire que le résidu des autres sanctuaires ne autres
fondacions ; mais au moyen des guerres et divisions de ce
royaume ayans cours environ cinquante ans a, lesdictes
rentes et revenus appartenans à ladicte église sont diminuées
en la plupart ; et mesmement pour et en espérance de seurté
furent lesdicts sanctuaires mis ès mains de feu messire
Humbert, conte de la Roche, seigneur de Villersexel et
dudict Lirey, lequel les prind en garde et par sa cédule[1]
s'obliga lui et ses ayans cause rendre et restituer ausdicts
doyen et chapitre lesdicts sanctuaires après les tribulacions
de guerre cessées ; et il soit ainsi que depuis ledict feu messire Humbert est alé de vie à trespas[2], délaissant feue
Madame Marguerite de Charny, lors contesse de la Roche
et dame dudict Lirey vesve de luy ; laquelle de Charny fut
sommée et requise par lesdicts supplians de la restitucion
d'icellui sanctuaire et joyaulx ; et parce que de prime face
elle fut refusante d'iceulx restituer, a esté mise en procès[3]
par devant le parlement de Dôle, dont elle estoit subgecte,
et par sentence défEinitive ou arrest[4] a esté condempnée
envers iceulx supplians de leur rendre et restituer tous
lesdicts joyaulx et sanctuaires, ce qu'elle fist, excepté ledict
et précieux Suaire de Nostre Seigneur Jhésu Crist, lequel
suaire [elle] ne veult rendre promptement, mais s'obliga de
icelluy Saint Suaire rendre et restituer ausdicts supplians
et en ladicte église dudict Lirey à ses propres despens
dedans le jour de feste Saint Symon et Saint Jude, second
an ensuivant qui fut l'an mil IIIIᶜ XLIX, et de ce passa
lettres d'obligacion soubz le seel de la court de Bezançon,
le mardi xviiiᵉ jour du mois de juillet après heure de prime
l'an de Nostre Seigneur courant mil IIIIᵉ XLVII ès mains
de Estienne Pexel, lors notaire juré en ladicte court ès
présences de plusieurs[5] ; et par icelle obligacion soubzmist

1. Lettres du 6 juillet 1418. *Étude critique*, p. xxi.
2. En juin 1438, car son testament du 8 juin fut publié à Vesoul
le 26.
3. Sommations du 8 mai 1443, *Étude critique*, p. xxiii.
4. *Arrest et appointcz* du 9 mai 1443. *Ibid.*, p. xxvi.
5. *Étude critique*, p. xxvii ; d'après M. le chanoine Chevalier, le

et ypothéqua à toutes jurisdictions ses biens quelzconques
et les biens de ses hers et ayans cause lors présens et advenir, ce qu'elle n'a pas fait; et à ceste cause a esté mise en
procès par lesdicts suppliant en la court ecclésiastique de
Besançon[1], et tant y a esté pusny qu'elle est encourue en
sentence d'interdit et excommeniment[2]; mais, non obstant
ces choses, ladicte dame Marguerite de Charny aliéna ledict
Saint Suaire et le mist ès mains de feu bonne mémoire en
son vivant très hault et puissant prince monseigueur Loys
duc de Savoye père immédiat de feu bonne mémoire monseigneur le duc derrenier trespassé, cui Dieu absoille, et de
très haulte et puissante princesse la Royne vostre espose;
par devers lequel feu monseigueur Loys, lui estant à Paris
l'an mil IIIIᵉ LXIIII, lesdicts supplians se tirèrent et l'ad-
vertirent et informèrent de ce que dit est, en iuy requérant
restitucion dudict Saint Suaire, en luy remonstrant l'inconvénient que lui povoit advenir de la détencion d'icelluy, en
regard que icelluy Saint Suaire est chose sacrée et dediée à
Dieu et à ladicte église de Nostre Dame de Lirey et que par
l'aliénacion d'icelluy la dévocion que le peuple avoit au
lieu estoit fort diminuée, et, par laps de temps, se poroit
discontinuer et diminuer le service divin ou grant préjudice
d'icelle église; pour quoy ledict feu monseigueur Loys, meu
de bonne dévocion voluntaire, désirant rendre et restituer à
ladicte église ledict sanctuaire, et aussi le service divin estre
augmenté en ladicte église et participer en icelluy, par
meure déliléracion de conseil, en recompensacion d'icelluy
joyal et sanctuaire duquel il ne povoit lors fere prompte
restitucion *sans encorir ingratitude*, fonda et dota ladicte
église de Nostre Dame de Lirey en nouvelle fondacion de

nom du notaire serait Pepol. — Un second sursis triennal fut
accordé à la requête de Charles de Noyers, frère utérin de Marguerite de Charny, devant le prévôt de Troyes, le 6 novembre 1449;
Ibid., p. XXXI.

1. Aggravement du 29 mai 1457; *Ibid.*, p. XXXIII.

2. Lettres d'excommunication du 30 mai 1457; *Ibid.*, p. XXXIV. —
L'on oublie ici l'obligation de Charles de Noyers envers le chapitre
de Lirey, du 19 janvier 1458-9; *Ibid.*, p. XXXVI.

la somme de .L. frans d'or papaulx monnoye de Savoye
jusques à ce qu'il leur eust rendu ledict Saint Suaire, iceulx
.L. frans à prendre chascun an sur les revenus et émolumens de sa terre et seigneurie de Chas[teau Gaillard], près
de Geneuve, à la charge de dire et célébrer chascun mois
durant sa vie une messe haulte du Saint Esprit au grant
autel de ladicte église, et, après son décès, une messe des
trespassez avec les collectes à ce deues et accoustumées
chascun mois s'ensuivant (?) ce que lesdicts supplians promistrent fere et accomplir. Et ledict feu monseigneur Loys
obliga et ypothéqua ladicte terre et seigneurie dudict Chasteau Gaillard et les revenus des appartenances d'icelle, lors
présens et advenir, à paier à ladicte église ladicte somme
de .L. frans d'or chascun an au jour et terme de feste Saint
Andry, dont le premier terme fut audict jour de feste Saint
Andry, mil IIIIᶜ LXV ¹; et, peu de tems après, et avant que
lesdicts [supplians] aient aucune chose prins, levé ou perceu
desdicts .L. frans d'or, ledict feu monseigneur Loys ala de
vie à trespas², et par ainsi néantmoins toutes poursuites et
diligences faictes par lesdictes supplians aux grans fraiz et
coustz de ladicte égli[se de] Lirey, iceulx supplians n'ont
peu recouvrer ne avoir ledict Saint Suaire, ne aussi recevoir
aucuns deniers desdicts .L. frans d'or de nouvelle fondation tant par la mort intervenue en la personne dudict feu
monseigneur Loys, comme dit est, comme parce que les
guerres ont eu piéça cours en ce royaume et de présent ont
cours ou pays de Savoye, obstant lesquelles lesdicts supplians ne se sont osé adventurer d'aler ou envoier ou païs
de Savoye³; et si ont néantmoins iceulx supplians tousjours

1. Lettres du 6 février 1464, *Étude critique*, p. xxxix; le duc ne
parle nullement, dans cette pièce, de son intention de restituer le
Suaire, mais seulement de son désir d'offrir aux chanoines une
légitime compensation.

2. Le 29 janvier 1465.

3. Ceci semblerait indiquer que Marc de Vaudrey et Hugues
Mergey n'usèrent pas de la procuration qui leur avait été délivrée
le 14 mai 1472, au nom du chapitre de Lirey, pour les accréditer

entretenu et de jour en jour entretiennent le divin service,
c'est assavoir les heures canoniales du jour, haulte messe et
autres suffrages acoustumez, jà soit que, au moyen des
poursuites, fraiz et despens soustenuz par lesdicts supplians
au moyen des choses dessusdictes, les revenues d'icelle église
sont telement diminuées qu'elles ne soroient entretenir ne
rendre la vie honestement aux chanoines d'icelle s'ils ne
trouvoient ou avoient autre provision ou manière de vivre,
et pour cause sont et demeurent lesdicts supplians deceuz,
defraudez et frustrez d'icellui Saint Suaire ou grant grief,
préjudice et dommage d'icelle église, desdicts su[pplians] et
de leurs successeurs; que, ces choses considérées, il vous
plaise, Très cher Seigneur, en faveur de la Vierge Marie,
donner et confier par manière de provision à ladicte église
Nostre Dame de Lirey et ausdicts supplians seulement la
revenue de la terre dudict Lirey qui est le lieu de la fondation d'icelle église, et autres revenues assises en vostre conté
de Champaigne qui jadis furent et appartindrent à ladicte
feue Madame Marguerite de Charny et desquelles elle estoit
dame propriétaire, possesseresse et détenteresse au jour et
heure de son trespas[1], lesquelles on puet extimer par an
.xxx. livres tournois au plus, jusques à ce que iceulx supplians puissent avoir pleine restitucion dudict Saint Suaire
ou paiement desdicts .L. frans d'or ainsi fondez par ledict
feu monseigneur Loys et des arréraiges qui en sont deuz;
en regard que à la culpe d'icelle feue dame Marguerite de
Charny et par sa faulte ledict Saint Suaire a esté ainsi
retenu et aliéné en des tels mains que d'icelluy n'ont peu
lesdicts supplians avoir aucune reconnoissance, et si avoit
et a obligé tous ses biens meubles et immeubles lors présens
et advenir, acquestez et à acquester pour estre contrainte à
la reddicion d'icelluy; car sans vostre bonne provision et
ayde lesdicts supplians ne poroient plus poursuir ne quere-
ler ledict Saint Suaire par procès ne autrement, obstant la

auprès de la duchesse Yolande, veuve d'Amédée IX (fils de Louis),
décédé le 30 mars 1472; *Étude critique*, p. XLIII.

  1. Le 7 octobre 1460.

povreté de ladicte église. Et lesdicts supplians vous tendront et advoueront (?) comme fondateur d'icelle église, et se soubzmectront pour eulx et leurs successeurs en icelle dire et célébrer par chascun mois une messe de Nostre Dame haulte au grant autel [d'icelle] église pour et en faveur de vostre dévocion, et... tant en général comme en particulier ilz prieront Dieu pour vous et pour vostre très noble lignée.

D.

Lettres de Louis XI aux baillis de Sens, Troyes et Chaumont.

(14 mai 1473-30 août 1483.)

Loys, etc., aux bailliz de Sens, Troyes, Chaulmont ou leurs lieuxtenants et à chascun d'eulx, si comme à luy appartiendra, salut. Receu avons l'umble supplicacion de noz bien amez les doyen et chapitre de l'église collégiale Nostre Dame de Lirey, fondée en l'onneur et révérence de l'Annonciacion d'icelle assavoir en la paroisse de Saint Jehan de Bonneval ou diocèse de Troyes, contenant que de grant ancienneté icelle église a esté fondée et dotée de plusieurs beaulx, droiz, rentes et revenus et aornée de plusieurs beaulx précieux sanctuaires et joyaulx par feu Joffroy de Charny, chevalier, en son vivant seigneur de Savoisy et dudict Lirey entre lesquelz sanctuaires estoit le précieux et Saint Suaire de Nostre Seigneur Jeshu Crist ou représentation d'icellui, dont ladicte église estoit moult décorée; et valoient plus à icelle église les offrandes, aulmosnes et oblacions des affluans illec par dévocion et révérence d'icellui Saint Suaire que le résidu des autres sanctuaires ne autre fondacion ; mais au moyen des guerres et divisions de ce royaume ayans cours environ cinquante ans a, lesdictes rentes et revenus appartenans à ladicte église sont diminuées en la plupart, et mesmement pour et en espérance de seurté [furent] lesdicts sanctuaires mis ès mains de feu Humbert, en son vivant conte de la Roche, seigneur de

Villersexel et dudict Lirey, lequel les prind en garde et par
sa cédule s'obliga luy et ses ayans cause rendre et restituer
ausdicts doyen et chapitre lesdicts sanctuaires après les tribulacions de guerre cessées ; et il soit ainsi que depuis ledict
feu Humbert est alé de vie à trespas, délaissant feue dame
Marguerite de Charny, lors contesse de la Roche et dame
dudict Lirey, vefve de luy, héritière immédiat du fondateur
d'icelle église, chargée de la garde desdicts sanctuaires,
laquele de Charny fut sommée et requise par lesdicts supplians de la restitucion d'icelluy (*sic*) sanctuaire et joyaulx ;
et parce que de prime face elle fut reffu[sante] d'iceulx restituer, a esté mise en procès par devant le parlement de
Dôle dont elle estoit subgecte, et, par sentence diffinitive ou
arrest, a esté condempnée envers iceulx supplians de leur
rendre et restituer tous lesdicts joyaulx et sanctuaires, ce
qu'elle fist, excepté ledict saint et précieux Suaire de Nostre
Seigneur Jhésus Crist, lequel Suaire elle ne veult rendre
promptement, mais s'obliga de icellui Saint Suaire rendre
et restituer ausdicts suppliants en ladicte église dudict Lirey
à ses propres despens dedans le jour de feste Saint Symon et
Saint Jude second an ensuivant, qui fut l'an mil CCCC XLIX,
et de ce passa lettres d'obligacion soubz le scel de la court de
Bezançon le mardi xviiie jour du mois de juillet après heure
de prime, l'an de Nostre Seigneur courant mil IIII^c XLVII,
ès mains de Estienne [Pexel], lors notaire juré en ladicte
court, ès présences [de] plusieurs ; et par icelle obligacion
soubzmist et ypothéqua à toutes jurisdictions tous ses biens
quelzconques et les biens de ses hers et ayans cause lors
présens et avenir, ce qu'elle n'a pas fait ; et à ceste cause a
esté mise en procès par lesdicts supplians en la court ecclésiastique dudict Bezançon, et tant y a esté pusny qu'elle est
encourue en sentence d'interdit et d'excommuniement ; mais
non obstant ces choses, ladicte Marguerite de Charny aliéna
ledict Saint Suaire et le mist ès mains de feu Loys, duc de
Savoye, père immédiat de feu duc derrenier trespassé, cui
Dieu pardoint, et de nostre très amée femme et espose la
Royne ; par devers lequel feu Loys, luy estant à Paris l'an
mil IIII^c LXIIII, lesdicts supplians se tirèrent et l'adver-

tirent et informèrent de ce qui dit est en luy requérant restitucion dudict Saint Suaire, en luy remonstrant l'inconvénient qui ly povoit advenir de la détencion d'icelluy en regard que icelluy Saint Suaire est chose sacrée et dédiée à Dieu et à ladicte église de Nostre Dame de Lirey, et que par l'aliénacion d'icelluy, la dévocion que le peuple avoit audict lieu de Nostre Dame de Lirey estoit fort diminuée, et par laps de temps se porroit discontinuer et diminuer le service divin ou grant préjudice d'icelle église, pour quoy ledict feu Loys, meu de bonne dévocion voluntaire, désirant rendre et restituer à ladicte église ledict Saint Suaire et le service divi~ [estre] augmenté en ladicte église et participer en icelluy, par meure délibéracion de conseil, en récompensacion d'icelluy joyal et sanctuaire duquel il ne povoit fère lors prompte restitucion, fonda et dota ladicte église de Nostre Dame de Lirey en novelle fondacion de la somme de .L. frans d'or papaulx, monnoye de Savoye, jusques à ce qu'il leur eust rendu ledict Saint Suaire, à prendre chascun an iceulx .L. frans sur les revenues et émolumens de sa terre et seigneurie de Chasteau Gaillard, près de Geneuve, à la charge de dire et célébrer chascun mois durant sa vie une messe haulte du Saint Esperit au grant autel et, après son décès, une messe des trespassez chascun mois s'ensuïvant (?), ce que lesdicts supplians promistrent fere et accomplir ; et ledict feu Loys obliga et ypothéqua ladicte terre et seigneurie de Chasteau Gaillard et les revenus et appartenances d'icelle lors présens et advenir à paier à ladicte église ladicte somme de .L. frans d'or chascun an au jour et terme de feste Saint Andry, dont le premier terme fut audict jour de feste Saint Andry mil IIIIe LXV ; et peu de temps après et avant que lesdicts supplians aient aucune chose prins, levé et perceu desdicts .L. frans d'or, ledict feu Loys ala de vie à trespas, et par ainsi, néantmoins toutes poursuites et diligences faictes par lesdicts supplians aux grans fraiz et coustes de ladicte église de Lirey, iceulx supplians n'ont peu recevoir aucuns deniers des[dicts] .L. frans d'or de nouvelle fondacion tant par la mort intervenue dudict feu Loys, comme dit est, comme parce que les guerres ont eu pieçà cours en ce royaume et de présent ont cours ou païs de Savoye, obstant lesquelles lesdicts supplians ne se sont osé advanturer d'aler ou envoyer audict païs de Savoye, et si ont néantmoins iceulx supplians entretenu et continué et de jour en jour entretiennent et continuent le divin service, est assavoir les heures canoniales, messes et autres suffrages acoustumez, ja soit que, au moyen des poursuites, fraiz et despens soustenuz par lesdicts supplians à cause des choses dessusdictes, les revenues d'icelle église sont telement diminuées qu'elles ne soroyent entretenir et rendre la vie honeste aux chan[oines] d'icelle s'ilz ne trouvoient ou avoient autre provision ou manière de vivre; et par ainsi sont et demeurent lesdicts supplians deceuz, defraudez et frustrez d'icelluy Saint Suaire, qui est ou grant grief, préjudice et dommage de ladicte église, desdicts supplians et de leurs successeurs en icelle et pl[us] porroit estre se par nous ne leur estoit pourveu de noz gracieux remède et provision convenable [1], si comme ilz dient, en nous requérant humblement iceulx supplians que, attendu les choses dessusdictes et que par la faulte et culpe d'icelle feue Marguerite de Charny icelluy Saint Suaire a esté retenu, aliéné et ......, et ainsi que ladicte Marguerite avoit obligé et ypothéqué tous ses biens de leur en faire restitucion [2]. *(La fin manque.)*

1. Ces mots sembleraient indiquer que Louis XI fit quelque chose pour le chapitre de Lirey.

2. Ces deux pièces sont tirées des archives de l'Aube, fonds de Lirey, 9, G. 1. — Leur découverte m'a été contestée par M. le chanoine Chevalier dans une lettre du 19 septembre 1901, insérée le 22 dans la *Vérité Française* qui avait parlé de cette trouvaille huit jours plus tôt, le 12 septembre; j'ai dû répondre, dans ce même journal, en une lettre publiée le 29 et établissant mes droits, fondés notamment sur ma correspondance avec M. Vernier, archiviste départemental. J'ajouterai que je crois avoir été le premier à voir que ces pièces se rapportaient à la question, puisque je les ai rencontrées non dans le dossier spécial du Saint-Suaire coté 9, G. 4, mais dans le fonds général de Lirey.

E.

Enquête de Henri de Poitiers (1356).

D'après le mémoire de d'Arcis, antérieur au 6 janvier 1390.

Bone memorie dom. Henricus de Pictavia, tunc Trecensis episcopus, multorum prudentum persuasione pulsatus, prout eciam sibi ex officio potestatis ordinarie incombebat, solicite investigare curavit hujus negocii veritatem : multis theologis et aliis prudentibus viris asserentibus quod hoc revera dominicum sudarium esse non poterat, quod ipsius Salvatoris effigiem habebat impressam, cum de hujusmodi impressione sanctum euvangelium nullum faciat mencionem, cum tamen, si verum esset, non est verisimile quod fuisset per sanctos euvangelistas tacitum vel obmissum, nec usque ad hoc tempus celatum vel occultatum. Et tandem, solerti diligencia precedente et informacione super hoc facta, finaliter reperit fraudem et quomodo pannus ille artificialiter depictus fuerat, et probatum fuit eciam per artificem qui illum depinxerat, ipsum humano ope factum, non miraculose confectum vel concessum. Et propterea habito cum multis prudentibus tam theologis quam jurisperitis maturo consilio, quod hoc nec sic dimitterre, nec dissimulare debebat vel poterat, *cepit ex officio procedere* contra decanum et suos complices, ad extirpandum errorem predictum. Qui videntes detectam ipsorum maliciam, dictum pannum occultarunt et suppresserunt ut per ipsum ordinarium reperiri non posset [1]...

1. Chevalier, p. VII et VIII; Bibl. nat., collection Champagne, v. 154, fol. 137; autre copie, fol. 138. — Nous donnons ces extraits de manière que le lecteur puisse suivre nos explications, même sans avoir sous les yeux l'*Étude critique* de M. le chanoine Chevalier.

F.

Accord entre Agnès de la Vostitza, veuve de Dreux de Charny,
et les religieux de Saint-Jean de Jérusalem.

(9 avril 1325.)

In nomine Domini, amen. Anno Incarnationis dominice millesimo trecentesimo vicesimo quinto, die Martis post resurrectionem Domini. Nos Agnes de Vouticia, relicta nobilis viri Droconis, militis, domini quondam de Charneyo, tutrix legitima Ysabelle et Guillemete de Charneyo, minorum septem annis, filiarum naturalium et legitimarum nostrarum et dicti domini de Charneyo ac heredum universalium in solidum pro indiviso ipsius domini Droconis de Charneyo, patris legitimi et naturalis earumdem, nuper deffuncti, quarum tutelam legitimam ad presens acceptemus, nomine nostro et nomine tutorio predictarum filiarum nostrarum et heredum domini de Charneyo, ex una parte [1]...

1. Archives de l'Yonne, H, 2268 ; communication de M. le duc de Bauffremont. — Agnès est dite plus bas dame « de Charneyo, de Noidanto, de Villanova et de Chamenes », Noidan, Villeneuve et Chassenay? — Les archives de Seine-et-Oise, fonds Charny, carton D. 43, possèdent un aveu et dénombrement rendus le samedi après la fête du corps de Notre Seigneur, l'an de grâce mil trois cent vingt-cinq, 8 juin, en la cour de monseigneur l'archidiacre d'Avallon, par Jean, fils de Gaulier le Moigne d'Avallon, pour « les costumes, tierces et cens » qu'il tenait à Villers-Nonain de « très noble et puissante sa chière dame ma dame Agnès de la Volice, dame de Charny et de Marrault,... lesquelx messeires Drehues, jadis sires de Charny et mariz de ladicte madame Agnès, donay en filolaige perpétuellement à Dronin son fileal, filz doudict Jehan, et à ses hers ». D'après les titres de la commanderie de Pontaubert, membre de Normiers, Dreux de Charny était en France dès 1323 et vivait encore en 1324.

G.

Aveu et dénombrement donné par Jacquette de Buxillon
à Philippe de Joncelle, seigneur de Charny.

(24 septembre 1335.)

Universis presentes licteras inspecturis, Nos officialis
eduensis notum facimus quod in presentia domini Hugonis
de Espessia presbiteri et tabellionis de presente notarii nostri jurati cui *quo et* (sic) ad ea que secuntur audienda et
nobis fideliter refferenda cummisimus vices nostras propter
hoc specialiter : constituta Jaqueta de Buxillon relicta quondam Oudonis dou Chastellet domicelli confitetur coram
dicto jurato nostro se tenere in feodum et nomine feodi a
nobili viro domino Philippo de Joncivilla domino de Charneyo milite res inferius annotatas... Actum et gratum Anno
domini M° CCC° tricessimo quinto die dominica ante festum
beati Michaellis presentibus Droueto Tolle Hugone filio
Picaut Martino Gindret et Gualterio filio Perelli Chaicheil (?)
de Challeio testibus ad hoc vocatis specialiter et rogatis
† Hugo de Espessia. Ita est[1].

1. Archives de Seine-et-Oise, fonds Charny, 11ᵉ liasse, pièce CXI.
Dans une autre pièce, 12ᵉ liasse, LXVIII, Philippe de Joncelle
est qualifié seigneur de la Vostitza : c'est un aveu et dénombrement rendus par Jean de Montiguerel, damoiseau, pour les héri-
tages qu'il tient, au finage de Thorey, « a nobili et potenti viro
domino Philippo de Joncivilla, domino de la Vostice, causa et
nomine nobilis domine donne Guillerme domine de Charneyo uxo-
ris sue »; ce document, non daté, semble antérieur au précédent.
Philippe revint de Morée (voir p. 22) en 1353, puisque la charte
des franchises de Joncelle, approuvée par le roi en avril 1354, fut
donnée le 27 avril précédent (Arch. nat., JJ. 82, nᵒ 338).

TABLE DES MATIÈRES

FIN.

NOGENT-LE-ROTROU, IMPR. DAUPELEY-GOUVERNEUR.

9 782012 855199